Lb⁴⁰ 1358

DU

RENOUVELLEMENT INTÉGRAL

DE LA

CHAMBRE DES DÉPUTÉS.

IMPRIMERIE DE FAIN, PLACE DE L'ODÉON.

DU

RENOUVELLEMENT INTÉGRAL

DE LA

CHAMBRE DES DÉPUTÉS.

PAR A. DE STAËL HOLSTEIN.

To be, or not to be; that is the question.
HAMLET.
Être ou n'être pas, telle est la question.

PARIS,

DELAUNAY, LIBRAIRE, PALAIS-ROYAL,
GALERIE DE BOIS, N°. 243.

1819.

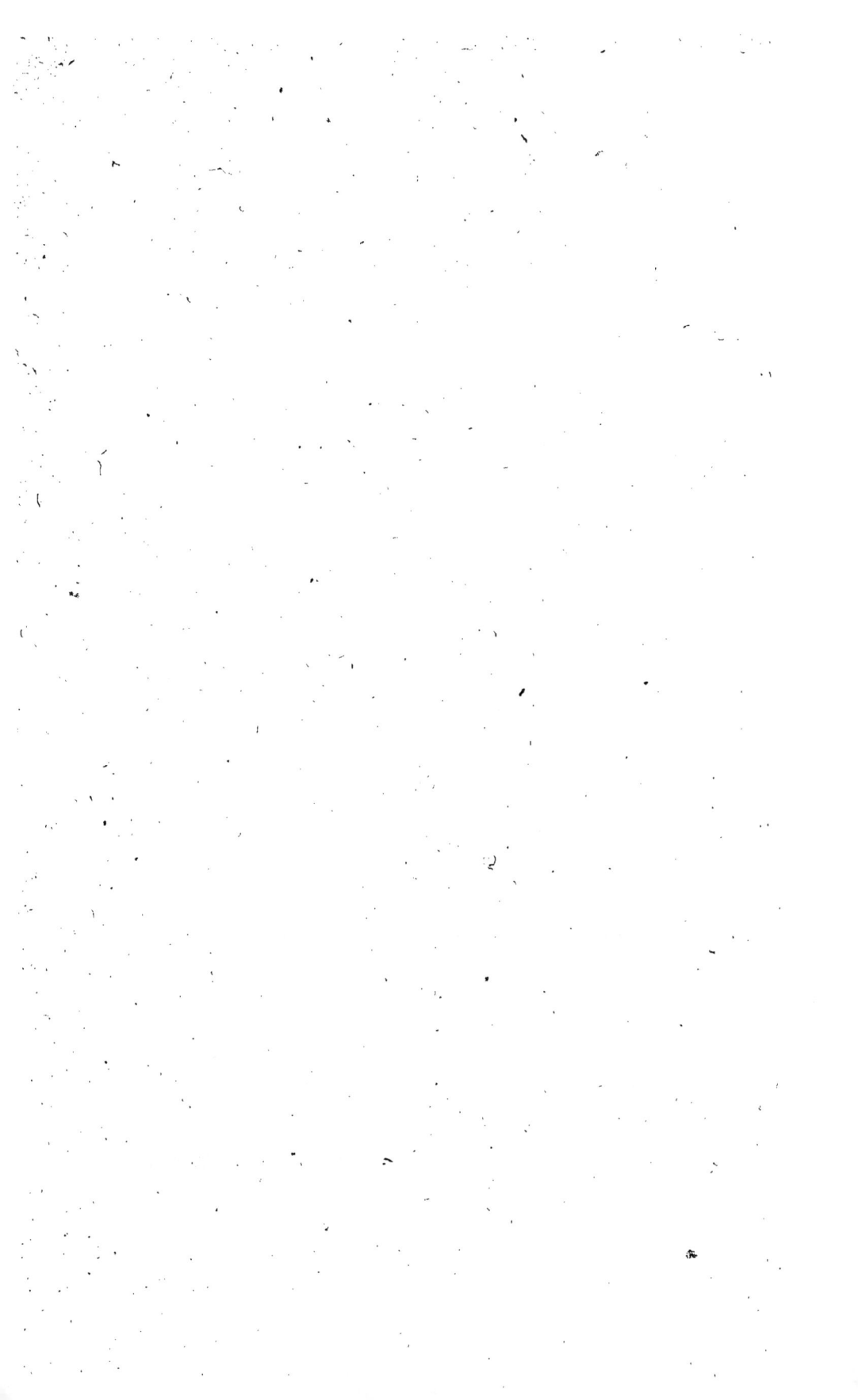

DU RENOUVELLEMENT

INTÉGRAL

DE LA CHAMBRE

DES DÉPUTÉS.

Sɪ l'on jette un coup d'œil sur l'histoire de notre politique intérieure, depuis la chute du gouvernement impérial jusqu'à ce jour, on trouvera, je crois, qu'elle peut se diviser en quatre périodes distinctes, et que chacune de ces périodes présente des caractèresdont l'observation est importante pour concevoir les difficultés du moment actuel.

Dans la première période, qui s'étend depuis le commencement de 1814 jusqu'au retour de Bonaparte, nous voyons s'écrouler le colosse impérial; l'armée cède au nombre, après des prodiges de valeur, et les troupes de la coalition pénètrent jusqu'au centre de la France. La nation, dès long‑temps privée de toute influence sur ses affaires les plus importantes,

1

habituée à être spectatrice muette d'événemens prodigieux, contemple ses revers du même œil dont elle avoit vu le bouleversement de tous les trônes de l'Europe. Le sénat, docile à la voix du maître, quel qu'il soit, se tourne vers le pouvoir naissant : un ministre, influent alors, fait offrir la couronne à Louis XVIII par les hommes qui avoient voté la mort de Louis XVI, et croit montrer une profonde politique par ce tour d'adresse, dont l'unique résultat devoit être de rendre ces hommes coupables d'une lâcheté de plus.

La constitution proposée par le sénat, et qui renfermoit des principes fort sages, est bientôt décréditée par l'article ridicule, où les sénateurs s'efforçoient de perpétuer leurs dignités et leur traitement. L'ancienne aristocratie n'a pas de peine à décrier un tel article; mais elle échoue dans son véritable but, celui d'étouffer dès le principe toute espèce de pacte constitutionnel; car déjà l'opinion, muette sous le despotisme militaire, commençoit à se réveiller.

Louis XVIII arrive en France; il juge la situation des esprits avec une haute sagacité, et consacre dans la déclaration de Saint-Ouen les premières bases du gouvernement représentatif. » Cette déclaration, je me plais à répéter ici les

» paroles de ma mère, supérieure à la charte
» constitutionnelle sous le rapport des intérêts
» de la liberté, étoit si bien conçue, qu'elle
» satisfit momentanément les esprits. »

C'étoit de là qu'il falloit partir ; le reste de
l'édifice politique devoit s'achever par des lois,
avec le concours des trois pouvoirs, et en s'ai-
dant des lumières de l'expérience. Malheureusement on suivit une autre marche : par une
politique étroite et astucieuse, quelques conseil-
lers à vues courtes parvinrent à faire insérer
dans la charte une foule d'articles réglémentaires dont ce n'étoit point la place, et dont
chaque jour nous révèle de nouveaux inconvéniens. Heureux encore s'ils s'en fussent
tenus là ! mais ils crurent faire merveille
en conservant, autant qu'ils purent, les in-
ventions du despotisme impérial, surtout l'organisation du corps législatif, le petit nombre, l'âge des députés, et ce renouvellement
annuel, funeste principe de destruction, au-
quel ni la liberté ni le pouvoir ne sauroient
résister : car je ne crains pas d'affirmer dès à
présent ce qui, je l'espère, acquerra bientôt
quelque évidence.

A peine la charte fut-elle promulguée, que
les ministres s'efforcèrent de la détruire pièce

à pièce ; de toutes parts on vit ressusciter je ne sais combien de vieilleries gothiques, dont le ridicule empêchoit quelquefois d'apercevoir le danger. On se rappelle par quelles misérables arguties on parvint à anéantir la liberté de la presse, le premier, le seul principe de vie dans un gouvernement représentatif. Toutes ces fautes ne tardèrent pas à être chèrement payées ; car, de nos jours, les expériences sont rapides en politique, et ce n'est plus d'un pied boiteux que la peine poursuit le coupable.

Jetons un regard sur l'état de l'opinion publique à cette époque.

La France nouvelle, étrangère aux souvenirs de l'ancien régime et de la révolution, habituée à tourner son activité vers le métier des armes, ou vers les chances nombreuses que la conquête offroit à tous les genres d'ambition, regardoit avec étonnement un spectacle qu'elle comprenoit à peine, et ne considéroit guère la restauration que comme une halte momentanée, dans la carrière aventureuse qu'elle parcouroit. La génération plus âgée, encore alarmée sur la jouissance des avantages conquis pendant la révolution, voyoit d'un œil inquiet le retour de ces émigrés qu'elle avoit si long-temps considérés comme des ennemis, et recevoit avec méfiance les garanties même qui lui étoient offertes. L'ancienne aristocratie ne prononçoit le nom de la charte qu'avec un sourire de pitié, et n'indiquoit que trop clairement le but réel de ses espérances. Le corps législatif, accoutumé depuis long-temps à n'entendre d'autre éloquence que les serviles homélies des orateurs du gouvernement, avoit peine à croire à sa propre émancipation; la tribune, libre de droit, ne l'étoit point de fait; sans cesse le nom du roi étoit employé pour influer sur les votes, et ce n'étoit qu'en tremblant que l'on proposoit quelques amendemens aux projets des ministres. Pendant ce temps, les folles prétentions des aristocrates alloient croissant; et, d'un autre côté, l'administration, la justice, toutes les affaires publiques, continuoient à suivre les erremens du gouvernement impérial. En un mot, la charte n'étoit qu'un hors-d'œuvre, une espèce d'ornement extérieur tout-à-fait indépendant des véritables bases de l'édifice. Un très-petit nombre d'hommes éclairés entrevoyoient seuls que cette charte renfermoit un germe de liberté, destiné à triompher un jour de tous les obstacles dont il étoit entouré.

Bonaparte revint, et la déplorable facilité avec laquelle il se ressaisit du pouvoir, ne prouva que trop bien que le gouvernement du roi n'avoit point encore jeté de racines en France. Cependant quelques hommes, pour qui le nom de la dynastie n'est qu'une question secondaire, et qui cherchent avant tout le triomphe des institutions, commencèrent à invoquer les principes de la charte contre le retour du despotisme impérial ; des partisans de l'ancien régime se joignirent à eux, et adoptèrent comme moyen, la liberté qu'ils rejetoient comme but.

Bonaparte, et ce trait lui est commun avec tous les généraux qui ont commencé leur carrière sous la convention, avait conservé, même au faîte du pouvoir, une sorte de terreur de toute expression d'une volonté nationale. Il crut donc devoir céder à la circonstance, et prendre le masque constitutionnel. Le conseil d'état lui - même prononça quelques paroles de liberté, et s'étonna d'un langage si nouveau pour lui. L'acte additionnel fut promulgué ; la chambre des représentans se réunit ; et cette assemblée, quoiqu'elle renfermât dans son sein plusieurs créatures de l'empereur, et quelques noms qui devroient être rayés à jamais de nos annales; cette assemblée se montra courageuse, à la fois, envers Napoléon et envers les ennemis extérieurs. Sa dernière déclaration a de la grandeur, et la constitution qu'elle acheva sous le canon des armées alliées, contient des améliorations importantes à plusieurs articles de la charte. Le roi lui-même en jugea ainsi à son retour ; car l'ordonnance du 13 juillet, adoptoit plusieurs de ces améliorations, et en particulier celles qui se rapportent au nombre et à l'âge des députés. Le second règne de Bonaparte, si fatal pour la France, sous d'autres rapports, ne fut donc pas inutile à notre éducation politique. Quelques idées de liberté pénétrèrent dans des têtes qui y étaient restées jusqu'alors étrangères ; l'on commença à concevoir qu'il existoit une autre force que celle des baïonnettes, et que la tribune étoit aussi une puissance.

La troisième période que j'ai à considérer, comprend le règne funeste de la chambre de 1815. Des électeurs nommés *ad hoc*, mais surtout la présence des troupes étrangères, et une terreur habilement répandue, amenèrent le phénomène inouï d'une assemblée où la contre-révolution étoit en majorité. Mais cette époque même, cette époque de violence, d'arbitraire, d'esclavage de la presse et de la tribune, ne fut pas entièrement perdue pour les progrès de la liberté. Les chefs de la réaction s'enivrèrent d'un pouvoir nouveau pour eux. Quelques-uns virent dans la tribune une carrière profitable pour leur ambition, et s'attachèrent au gouvernement représentatif ; mais tous voulurent s'emparer d'une arme puissante , sauf à la briser après s'en être servi pour conquérir le pouvoir. Cependant les victimes de la réaction cherchoient à se faire bouclier de la charte., et la dure leçon du malheur enseignoit à un grand nombre de Français, qu'il y avoit dans les principes de cette charte quelque défense contre l'oppression.

Ce fut alors que parut l'ordonnance du 5 septembre ; et ici commence une ère nouvelle. Je n'ai pas besoin de faire sentir combien il est à déplorer , qu'en se décidant à la mesure indispensable de casser la chambre de 1815 , on n'ait pas conservé les améliorations à la charte que le second retour du roi avoit amenées ; c'est une vérité dont chaque jour nous démontre l'évidence.

L'élection générale qui suivit l'ordonnance du 5 septembre , se fit encore en présence des troupes étrangères , et sous l'influence d'une terreur qui n'étoit point calmée ; c'est ce qui explique comment , dans la nouvelle chambre ; les ultra-royalistes se trouvèrent de nouveau représentés dans une proportion tellement supérieure à la place qu'ils occupent dans la nation. Mais c'est à cette circonstance même que nous devons l'affranchissement de la tribune, dont nous avons joui depuis cette époque. La minorité de 1815, quoique souvent encouragée par le ministère, n'avoit pu parvenir à se faire entendre, et sans cesse elle s'étoit vue accablée par le despotisme du nombre. L'opposition ultra-royaliste de la nouvelle chambre, rassurée par des protections puissantes, comptant dans la force armée, dans l'administration, dans l'ordre judiciaire, un grand nombre de ses créatures, éleva fièrement la voix, attaqua sans crainte les projets du ministère; et, tout en se livrant à ses passions, elle fit une conquête importante, dans l'intérêt de la raison et de l'ordre public, elle assura le respect des droits de la minorité. Ainsi s'accomplit chaque jour, par des voies qui nous sont inconnues, le grand œuvre de l'éducation des peuples pour la liberté et pour la justice.

De même que dans la session de 1817, les ultras assurèrent la liberté de la tribune par leurs efforts pour ressaisir le pouvoir; le ministère, en ne songeant guère qu'à sa propre conservation, fit à la France le don inestimable de l'élection directe. On se rappelle sans doute

combien, à l'époque où parut la loi des élections, peu de gens en concevoient le principe.
Les ministres le concevoient moins que personne, et cette vérité est aujourd'hui démontrée, puisque ces mêmes ministres ont été renversés pour avoir voulu détruire leur propre
ouvrage ; la plupart des libéraux réclamoient le
choix des électeurs par les assemblées primaires,
opération purement illusoire, et dont l'exemple
de l'an VIII auroit dû leur démontrer la nul-
lité. En un mot, la loi n'eût probablement pas
été adoptée, si une sorte d'instinct, qui pous-
soit les ultras à l'attaquer avec violence, n'eût
pas averti la nation que cette loi devoit recéler
quelques principes favorables aux intérêts de la
liberté. Il y a quelque chose de consolant dans
ces réflexions sur le passé ; elles nous démon-
trent que, si les lumières en politique sont
encore rares parmi nous, les institutions libérales, dont un heureux hasard nous met en
possession, sont du moins promptement saisies
et vivement adoptées.

La loi nouvelle, et j'aborde sans crainte un
tel sujet, puisque mon sentiment à cet égard
n'est qu'un reflet de l'opinion de ma mère, et
que cette opinion, que j'ai encore eu le bonheur
de connoître, est devenue aujourd'hui celle de

toutes les personnes qui approfondissent les
questions constitutionnelles; la loi nouvelle
renfermoit deux principes d'une haute importance, l'élection directe, élément de vie,
l'élection par les classes moyennes, élément de
repos et de stabilité. Mais, en introduisant ces
deux conditions salutaires, la loi ne crut pas
pouvoir remédier aux inconvéniens de la charte;
elle conserva le renouvellement partiel, le petit nombre et l'âge des députés; et nous verrons
bientôt comment ces inconvéniens se sont fait
sentir d'une manière plus grave, à mesure que
la charte a cessé d'être une lettre morte, et que
quelques principes de liberté ont pénétré dans
nos esprits et dans nos institutions.

Une élection populaire est toujours un moment de crise; mais, dans les pays où toute
l'organisation politique est empreinte de l'esprit de liberté, cette crise n'a rien de dangereux; la nation et le gouvernement y sont
préparés, et personne ne s'en alarme; dans un
pays, au contraire, dont les mœurs, les lois,
l'administration étoient frappées du souffle de
mort du despotisme, dans un pays où la liberté
n'existoit encore que de nom, l'on conçoit quel
étonnement dut produire une première étin-
celle de vie. Et en effet, aucun spectacle ne fut

jamais plus digne de l'attention des penseurs que celui de l'élection du premier cinquième en 1817. Que de gravités furent décontenancées, que d'échafaudages factices furent renversés par une seule réalité! Les ministres, frappés d'étonnement comme le bourgeois gentilhomme, lorsqu'il voit Nicole pousser droit à son corps, avec le fleuret que lui-même a mis entre ses mains, sonnoient l'alarme et invoquoient le secours des ultras. L'élection de M. Lafitte leur sembloit une espèce de révolte, comme s'il étoit possible d'imaginer qu'un vote libre ne portât pas à la chambre un nom de cette importance. Et cependant rien de plus sage, rien de plus modéré que la manière dont s'exerça le droit d'élire, soit à Paris, soit dans les départemens. Tous les observateurs impartiaux purent se convaincre d'une vérité bien précieuse à recueillir, c'est que chez nous les élémens de tranquillité sont à la base, et que les élémens de trouble ne sont qu'au sommet; c'est que l'organisation de la société est essentiellement favorable au repos, et que les dangers qui nous menacent ne proviennent que d'une organisation vicieuse du pouvoir. Jamais, à aucune époque, ni dans aucun pays, on n'a vu un si grand nombre de proprié-

taires, une si grande masse d'hommes satis-
faits de leur situation, et intéressés à mainte-
nir l'ordre public. En France, le désir de conserver est partout, dans les classes moyennes,
dans les classes pauvres même ; l'ardeur de
détruire n'est qu'à la surface, et chez un petit
nombre d'ambitions mécontentes : bien plus
fortunée à cet égard que l'Angleterre, où une
admirable constitution, où un ordre judiciaire
qui est le chef-d'œuvre de l'esprit humain, ne
luttent qu'avec peine contre les difficultés sans
nombre, qui naissent d'une mauvaise distribution de la propriété !

Si en 1817, au lieu de ne réélire qu'un cinquième de l'assemblée, on eût renouvelé la
chambre entière, la nation eût atteint sans
secousse le but de ses efforts, et la loi des élections ne seroit pas aujourd'hui l'objet de tant
d'attaques injustes et d'inquiétudes fondées.
A cette époque, l'opinion publique réclamoit
deux choses, le renvoi des ministres et la formation d'un ministère solidaire, responsable,
et reposant sur une majorité nationale. En
effet, le ministère d'alors, après s'être prêté
pendant long-temps à toutes les vengeances des
ultras, ne se distinguoit encore de ce parti que
par quelques nuances subtiles, connues sans

doute des salons de la capitale, mais peu ap-
préciables par la masse de la nation. Le nouveau cinquième fut donc élu en général dans
un esprit d'opposition à ce ministère; mais, je
me plais à le répéter, et ce fait est d'une haute
importance, les premiers choix tombèrent sur
des hommes d'opinions très-modérées, et
partout un sentiment de calme et de dignité
présida aux élections. Malheureusement, le
nouveau cinquième ne suffit pas pour former
une majorité nationale; le ministère se remit
de sa frayeur; aucun des changemens que l'o-
pinion réclamoit ne fût opéré; les préfets, les
maires, les officiers du ministère public, les am-
bassadeurs restèrent les mêmes; et le méconten-
tement devint d'autant plus général, que les élections avoient donné un moment d'espérance.

Nous avons parcouru jusqu'ici trois époques
distinctes; dans la première, la charte nous
est donnée, mais son esprit reste entièrement
étranger à nos mœurs et à nos lois. Dans la
seconde, les malheurs de la France, les violences d'un parti, une cruelle expérience des
maux attachés à l'arbitraire, font invoquer le
secours de la constitution, et quelques idées
de liberté commencent à germer. Dans la
troisième période, la tribune est affranchie; le

principe de l'élection directe est consacré; le premier essai de ce principe se fait avec calme et modération; mais l'opinion, qui devoit former la majorité, ne renouvelle qu'un cinquième de l'assemblée, et le vice d'une élection partielle commence à se faire sentir.

Nous allons voir maintenant comment la majorité nationale, irritée de n'avoir pas réussi à créer dans la chambre une majorité correspondante, crut pouvoir suppléer au nombre par l'ardeur de l'attaque, et se laissa guider dans ses nouveaux choix par un esprit d'opposition toujours plus prononcé. Cette dernière époque mérite une attention particulière; en l'observant bien, nous y trouverons la solution de toutes les difficultés du moment actuel. Certes, il n'entre pas dans ma pensée de blâmer les élections de 1818; quand je ne compterois pas parmi les députés de cette époque quelques amis dont la bienveillance m'honore, je dirois encore que ce seroit pour un gouvernement une conception aussi dangereuse qu'absurde, que de prétendre écarter de la représentation nationale des hommes que l'éclat de leur nom ou de leur talent appelle à en faire partie. Mais il n'en est pas moins vrai que le choix de ces hommes, dans des départemens où ils étoient inconnus, prouvoit moins une confiance réelle dans leurs lumières, que le désir de chercher des armes plus fortes pour l'attaque, puisque celles de l'année précédente n'avoient pas suffi.

Pendant l'intervalle des deux sessions, les craintes du ministère s'étoient calmées. Les affaires avoient repris leur routine accoutumée : des journaux soumis à la censure avoient épargné à l'autorité toutes les plaintes importunes de l'opinion. Lors donc qu'arrivèrent les élections, la frayeur des ministres fut d'autant plus grande, que leur imprévoyance avoit été plus complète. Avant même que les chambres fussent rassemblées, il devint manifeste qu'une crise étoit inévitable ; mais, loin de profiter de l'avertissement des élections, les ministres furent fidèles à cette vieille erreur, dont vingt-cinq ans de révolution n'ont pas encore guéri l'aristocratie ; ils ne virent que les menées d'un parti, là où ils auroient dû voir une manifestation de l'opinion générale. Le chef du conseil s'efforça de composer un ministère mixte, où des principes contre-révolutionnaires auroient été mal déguisés par quelques noms modérés, et l'on résolut le sacrifice du seul membre du cabinet qui défendît alors la loi des élections. Qu'en arriva-t-il ? la terreur s'empara de tous les esprits, les fonds publics éprouvèrent en peu de jours une baisse énorme, et bientôt les efforts du ministère vinrent échouer contre une résistance muette, mais inébranlable; il fut réduit à s'avouer vaincu par la seule force des choses, et à se retirer de l'arène (1).

---

(1) Depuis que deux invasions ont plus que doublé la dette de la France, l'opinion de la Bourse est devenue un élément important de notre politique intérieure, élément que désormais aucun parti ne négligera impunément dans ses calculs. Il n'est donc pas inutile d'expliquer ici pourquoi la plus légère crainte d'un ministère ultra est une cause certaine de baisse dans les effets publics; car, en voyant l'état prospère des revenus de la France, on pourroit être tenté de croire qu'il n'est pas d'une grande importance pour les créanciers de l'état que le pouvoir soit confié à telles mains plutôt qu'à d'autres.

C'est un fait reconnu de tous ceux qui ont étudié l'histoire des finances, qu'un grand pays n'emprunte en général qu'à lui-même, et qu'un emprunt n'est réellement consommé que lorsqu'il est réparti entre tous les habitans du pays, qui ont des capitaux disponibles pour être employés d'une manière durable à ce genre de placement; en un mot, que lorsque les rentes sont *casées*, pour se servir de l'expression technique. Or, nous sommes fort loin d'en être arrivés à ce point; une grande partie des rentes provenant des

La formation du ministère qui lui succéda
fut donc le résultat, non pas précisément de
la majorité de la chambre, mais de l'impossibilité reconnue de réunir cette majorité en faveur de toute autre combinaison. C'étoit un

---

derniers emprunts, est encore entre les mains de spécu-
lateurs français ou étrangers qui n'en sont que posses-
seurs temporaires, et à qui les variations du cours peuvent faire éprouver des pertes immenses. De là vient que
les plus légers changemens politiques produisent de très-
grandes oscillations dans le prix de nos fonds publics.
Mais, outre cette cause générale d'inquiétude, deux
autres motifs expliquent d'une manière spéciale la
crainte qu'inspire au commerce le triomphe du parti
des ultras. Le premier est l'intention qu'on est en droit
de leur supposer, de troubler les fortunes par quelque
mesure rétroactive sur la vente des propriétés nationales,
ou tout au moins de grever l'état d'une dette nouvelle,
pour indemniser les émigrés de leurs pertes. Le second
est l'aversion pour toute espèce de crédit public, que
manifeste le parti de l'aristocratie, et dont la source est
une sorte de respect superstitieux pour la propriété terri-
toriale, respect qui date des mœurs de la féodalité. Cette
superstition, qui est malheureusement commune à un
grand nombre d'hommes en France, sert à expliquer
pourquoi la chambre des députés dirige tous ses efforts
sur la réduction de l'impôt foncier, tandis que la saine
économie politique exigeroit bien plutôt la réforme d'autres impôts beaucoup plus onéreux.

grand pas vers les principes du gouvernement représentatif, dont jusqu'alors on avoit constamment pris le contre-pied. Et en effet, loin qu'avant cette époque les ministres eussent été ce qu'ils doivent être, c'est-à-dire, des hommes choisis par le roi parmi ceux que lui désigne la majorité, nous n'avions encore eu que des ministres nommés d'après de tout autres considérations, et qui, une fois nommés, s'étoient efforcés de façonner une assemblée qui leur permît de rester en place.

La prudence même conseilloit donc au nouveau ministère de suivre une marche inverse de celle de ses prédécesseurs : ceux-ci étoient tombés pour avoir voulu former, dans la chambre, une majorité factice ; il falloit donc chercher à connoître la véritable majorité nationale. Alors, appuyé sur une base solide, le gouvernement auroit pu concevoir un plan et l'exécuter ; il se seroit présenté avec dignité aux étrangers comme aux partis qui divisent la France, et il auroit eu la force de consommer les nombreux changemens dans l'administration, que réclamoit son intérêt aussi-bien que le nôtre. Malheureusement l'on ne sut pas, ou l'on ne voulut pas profiter des leçons de l'expérience ; le nouveau ministère accepta le fardeau des fautes de ses devanciers ; il consentit à entrer en place, avec la certitude que le renouvellement de l'assemblée par cinquième lui promettoit à peine une année d'existence ; et il trouva, dès l'abord, une chambre mécontente, divisée en une infinité de fractions, et qui se refusoit à toute combinaison régulière. Les hommes même qui, par routine ou par amour du repos, suivent en général le parti de l'autorité, blessés alors des plaisanteries dont leur complaisance avoit été l'objet, contrarioient les ministres sans autre but que de satisfaire leur humeur. C'est ainsi que s'ouvrit la session. Bientôt la motion de M. Barthélemy vint donner au ministère un nouvel avertissement, et cet avertissement fut encore perdu. Au lieu d'adopter une mesure décisive, au lieu d'en appeler à l'opinion publique par une élection générale, au lieu de proposer hardiment le changement du nombre et de l'âge des députés, et de ce renouvellement partiel, qui menace à la fois la liberté et la monarchie, on eut recours à un palliatif qui n'attaquoit point la racine du mal, et aujourd'hui le mal renaît avec une force redoublée. La situation est la même ; seulement les dangers sont plus manifestes, et nous menacent de plus près.

Ne soyons pas ingrats toutefois envers une
session à laquelle nous devons l'immense bien-
fait de la liberté de la presse; reconnoissons
que cette liberté existe en France dans la plus
grande latitude, et que la nouvelle loi, malgré
quelques imperfections bien connues de ses
auteurs, est pourtant la plus complète, la plus
philosophique, qui ait encore été faite sur cet
objet. Tel est du moins le jugement qu'en portent les hommes les plus éclairés d'un pays
même, où la liberté de la presse a plus d'un
siècle de durée (1).

On peut appliquer, dit ma mère, à la liberté
de la presse ces paroles de la Bible : *Que la lumière soit, et la lumière fut.* En effet, depuis
que les journaux sont libres, tous les partis
se sont montrés sous leurs véritables couleurs :
tout s'est produit au grand jour, nos vices
comme nos vertus, les inconvéniens de nos institutions politiques comme leurs avantages; et
des dangers, inaperçus tant que ces institutions étoient encore une lettre morte, se sont
manifestés avec force, depuis que la liberté de

(1) Voyez, dans le dernier numéro de l'*Edinburgh
Review*, l'examen du rapport de M. le duc de Broglie
à la chambre des pairs.

la presse a donné de la vie au mal comme au bien. Le moment est donc venu de nous rendre compte de notre situation, et de ne plus imiter la tactique de ces animaux qui, en cachant leur tête dans le sable, espèrent échapper aux regards de leurs ennemis.

Deux grands dangers menacent la liberté en France, la contre-révolution et le bonapartisme; mais en prononçant ces deux mots, auxquels l'esprit de parti attache tant de sens différens, j'ai besoin d'expliquer ma pensée.

Une contre-révolution complète est une idée absurde, qui n'entre peut-être pas même dans la tête des hommes les plus forcenés, tant il est évident qu'elle est impossible à réaliser! mais ce qui n'est pas impossible, c'est qu'une faction aristocratique parvienne à s'emparer du pouvoir, c'est qu'en usant de moyens de rigueur, elle n'obtienne une soumission, plus facile à inspirer qu'on ne pense dans un pays où le courage civil est aussi rare que la bravoure militaire est commune. Sans doute son triomphe seroit court, sans doute elle tomberoit bientôt écrasée sous le poids de ses propres fautes, comme toutes les autres factions qui ont gouverné la France; mais ce règne d'un moment suffiroit peut-être pour étouffer le germe de notre liberté naissante, et pour nous faire courir de nouveau toutes les chances du hasard. Une seule chose doit nous rassurer contre cette faction, c'est qu'aujourd'hui elle ne sauroit triompher que par des mesures violentes, et en se montrant à découvert. Tous ces ménagemens hypocrites qui satisfont les esprits timides, sont devenus impossibles ; le dilemme est posé nettement entre le règne de l'arbitraire et le gouvernement représentatif.

Par le mot de bonapartisme, je n'entends point le regret de Napoléon ou de sa dynastie, quoique ce sentiment existe encore dans une portion nombreuse, mais peu éclairée, de notre population ; j'entends cet esprit d'aventure, cet amour pour les plaisirs faciles que l'ambition et la guerre offrent aux hommes, et qui satisfont toutes leurs passions vulgaires, sans exercer aucune des facultés élevées de leur esprit ; ce besoin constant d'agitation, incompatible avec les jouissances calmes de la morale et de la liberté. Des hommes tombés tout à coup de l'existence la plus animée dans une oisiveté complète, reportent sur notre politique intérieure cette activité dévorante à laquelle la conquête servoit d'aliment ; ils se jettent avec plus d'ardeur que de discernement dans le peu

de routes qui leur sont ouvertes, et de là naît
une opposition déréglée, qui marche à l'attaque
sans se rendre compte de ce qu'elle feroit après
la victoire, qui travaille à détruire sans avoir
conçu un plan pour réédifier (1). Mais cette opposition même n'a-t-elle rien que de funeste,
ne fait-elle pas pénétrer quelques idées de liberté dans des têtes qui autrement y resteroient
étrangères, ne contribue-t-elle pas à tirer

---

(1) Des intentions criminelles ne peuvent point se supposer. Mais s'il existoit des hommes qui, entraînés par des
regrets excusables, séduits par des espérances chimériques,
ou irrités de la résistance que le pouvoir oppose toujours
à la marche rapide des idées libérales, se livrassent au désir
d'un changement de dynastie, on pourroit leur répondre
qu'il seroit puéril de sacrifier à un tel désir le plus petit
perfectionnement des institutions existantes; on leur rappel-
leroit combien tout changement de dynastie coûte de sacri-
fices d'argent, d'hommes et de liberté; on leur diroit surtout
qu'une nation qui, jouissant de la liberté de la tribune et de
la presse, et du principe de l'élection directe, ne sauroit
pas acquérir paisiblement tous les autres bienfaits du gouvernement représentatif, qu'une telle nation ne seroit pas
digne de la liberté. Combien cette assertion, vraie sous
un prince quelconque, ne l'est-elle pas davantage sous
le règne d'un monarque aussi sage et aussi éclairé que
Louis XVIII?

la masse de la nation de cette malheureuse apathie que le despotisme nous a léguée ; et, lorsqu'une force existe, n'est-on pas en droit de s'en prendre au gouvernement, s'il ne sait pas en tirer parti pour l'utilité générale : *Faites entrer le torrent dans les canaux, et toute la contrée qu'il ravageoit sera fertilisée ?*

Je me plais à le reconnoître, jamais la France n'a vécu sous un régime plus doux, jamais moins d'abus, moins d'actes arbitraires n'ont pu être reprochés à l'autorité ; d'où vient donc ce sentiment universel de malaise, cette conviction unanime que nous touchons à une crise inévitable ? C'est que notre liberté est sans garantie ; c'est que nous ne jouissons que de ses avantages passifs, et que nous réclamons aussi cette vie réelle, qui seule peut assurer la durée du gouvernement, en l'unissant à la nation par des liens intimes ; c'est enfin que chacun de nous, soit par instinct, soit par réflexion, sent qu'il y a un vice radical dans l'organisation du pouvoir, et qu'aucune stabilité ni dans le gouvernement, ni dans les institutions, ni dans les fortunes, n'est conciliable avec un système de représentation dont la conséquence forcée est une révolution annuelle. Déjà les uns calculent avec satisfaction le moment où cette arme destructive aura accompli son effet ; les autres spéculent sur la terreur des hommes paisibles, pour s'emparer du pouvoir arbitraire. Un seul moyen s'offre à nous pour échapper à tant de dangers, c'est l'adoption franche et entière des principes du gouvernement représentatif. Quels sont donc ces principes ? Je ne crois pas inutile de l'examiner.

Il existe, en fait d'assemblées nationales, deux systèmes bien distincts. Les diètes de la Pologne sont le type de l'un ; le parlement d'Angleterre nous offre l'exemple de l'autre. C'est entre ces deux systèmes qu'il faut choisir, et la plupart des difficultés du moment actuel, viennent de ce qu'on les confond sans cesse.

Dans le premier de ces systèmes, il y a lutte constante entre le gouvernement et la nation. Le roi nomme les ministres sans autre règle que sa volonté ; ces ministres sont inamovibles (1) ; ils gouvernent l'état selon leur caprice ou celui de la cour, et n'ont d'autre obligation envers le peuple, que de rendre compte des principaux actes de leur administration devant une assemblée fréquemment renouvelée,

_____

(1) Ils l'étoient de droit en Pologne ; ils le sont de fait en Suède.

mais toujours étrangère au maniement des affaires. Dans les temps calmes, leur responsabilité est purement illusoire ; dans les momens d'agitation, l'assemblée devient factieuse, et le gouvernement la disperse par la force des armes, ou il est renversé par la violence des partis. Voilà l'idée que beaucoup de gens, en France, se forment du gouvernement représentatif; et si tel étoit en effet ce gouvernement, je concevrois sans peine que les uns le redoutassent de bonne foi, et que les autres n'y vissent qu'une manière de renverser l'autorité existante. C'est dans ce système que l'on raisonne lorsque l'on réclame des élections annuelles, afin, sans doute, de tenir constamment l'esprit de l'assemblée en éveil contre ces ennemis du bien public, contre ces espèces de divinités malfaisantes qu'on appelle les ministres. C'est encore d'après le même système, que l'on exige des nouveaux députés le serment solennel de n'accepter aucune place, comme s'il étoit impossible que jamais le ministère passât entre les mains d'hommes dont on approuveroit les principes, et dont, par devoir même, on seroit obligé de partager les travaux. (1) Enfin, c'est

_____

(1) Au lieu de ces sermens tout au moins téméraires, quoi

encore dans le même système que l'on raisonne,
quand on réclame un traitement pour les députés; c'est parce qu'on veut voir en eux autant de
Cincinnatus arrachés à la charrue pour aller combattre l'ennemi national, le ministère.

Mettons en parallèle avec ce système le véritable gouvernement représentatif. On pourroit
définir ce gouvernement, celui où la majorité
fait la loi après avoir écouté toutes les remon-
trances de la minorité. En effet, dans une telle
organisation politique, le ministère est l'œuvre
de la majorité de la chambre, confirmée par
l'assentiment royal; les ministres ne gouvernent que parce qu'ils sont les délégués de cette

---

de plus sagement combiné que ce qui se pratique en Angleterre? Lorsqu'un membre de la chambre des communes ac-
cepte une place ou une pension de la couronne, il est censé
avoir donné sa démission, et ne peut reprendre séance au
parlement qu'après avoir été réélu par ses commettans. La
raison en est simple : ses commettans avoient choisi en lui
un homme indépendant; cet homme contracte des liens avec
le gouvernement; dès lors il devient nécessaire de savoir s'il
conserve les mêmes droits à la confiance de ses concitoyens :
sa réélection prouve-t-elle que cette confiance est restée
la même, rien de plus naturel que de lui voir reprendre ses
fonctions législatives. Voilà ce que dicte la sagesse, et ce
qu'il est bien à désirer que l'on introduise en France.

majorité ; et cette majorité elle-même n'est que l'image de l'opinion nationale. C'est donc en réalité la nation elle-même qui, sous les yeux du roi et avec un sage contre-poids dans la chambre de pairs, gère ses propres affaires par l'organe de ses représentans.

La question une fois posée ainsi, et elle ne sauroit l'être autrement, toutes les difficultés disparoissent. L'assemblée ne marche plus au hasard ; l'ignorance ou la versatilité n'y sont plus honorées du nom pompeux d'indépendance ; les hommes d'opinions analogues se réunissent, ils adoptent une marche régulière ; ceux que leurs talens désignent dans chaque parti, deviennent ou les ministres, ou les chefs d'une opposition qui a, comme le ministère, un système connu et proclamé d'avance. En un mot, la chambre est le grand conseil de la nation et du roi : les députés de chaque portion de l'empire y apportent le tribut de leurs connoissances locales, et, par un heureux échange, ils font pénétrer dans leurs provinces les lumières constitutionnelles qu'ils acquièrent par la discussion des intérêts publics. C'est ainsi que la vie politique se repand jusque dans les dernières ramifications du corps social, et que la nation devient une avec son gouvernement.

Un des principaux avantages des connexions politiques, c'est que chaque homme y étant en évidence sous des bannières qu'il avoue, les élections cessent d'être une œuvre du hasard, et qu'en votant pour un député, on vote réellement pour un principe.

« Les mesures du gouvernement, dit sir
« James Mackintosh, dans un écrit dont toutes
» les lignes méritent d'être méditées (1), sont
» modifiées par le caractère et les principes de
» ceux qui les dirigent. Les mêmes lois peu-
» vent être exécutées avec rudesse ou avec
» douceur, dans un esprit étroit ou dans un
» esprit libéral. La liberté religieuse peut être
» encouragée ou entravée; la liberté de la
» presse peut être favorisée ou presque anéan-
» tie, sans que, dans l'un ou l'autre cas, la lettre
» de la loi ait été violée. Un gouvernement
» peut être pacifique ou ambitieux, économe
» ou prodigue, sans sortir des limites incon-
» testables de son autorité. Ces différences im-
» portantes dépendent presque uniquement de
» la manière de penser et d'agir de ceux qui
» dirigent les affaires publiques.

---

(1) Examen du plan de Jérémie Bentham pour la réforme parlementaire: *Edinburgh Review*, Déc. 1818.

» Pour en donner un exemple : de deux
» hommes qui, en général, s'expriment de la
» même manière sur la constitution anglaise,
» l'un, facilement effrayé par les tumultes po-
» pulaires, poursuivi sans cesse du souvenir
» des crimes atroces qui ont accompagné des
» révolutions libérales dans leur principe, con-
» sentira pour les motifs les plus légers à la
» suspension de l'*habeas corpus*; tandis que
» l'autre, porté par tout l'ensemble de ses sen-
» timens et de ses idées à considérer ce droit
» sacré avec le respect et l'attachement le plus
» profonds, frappé des maux innombrables
» qu'entraîne l'absence de ce droit dans d'autres
» pays, et des abus énormes qui ne manquent
» jamais d'accompagner sa suspension en An-
» gleterre, ne se décidera qu'à la dernière ex-
» trémité à priver la nation, de la plus efficace
» de toutes les garanties que la sagesse humaine
» ait jamais inventées pour se préserver de
» l'oppression.

» Entre ces deux hommes, il n'y aura d'autre
» différence que la direction habituelle de leurs
» pensées; et cependant, le caractère du gou-
» vernement dépendra en grande partie de
» l'ascendant exercé par l'un ou par l'autre.
» C'est donc pour des motifs d'intérêt public,

» et non d'intérêt privé , qu'en Angleterre
» les partis politiques reposent si essentielle-
» ment sur la confiance et l'attachement qu'in-
» spirent les personnes. »

Je sais qu'il existe en France un grand pré-
jugé contre toute organisation régulière des
partis , et que les uns par vanité , les autres
par ignorance des vrais principes de la liberté ,
quelques - uns par de fausses notions de
morale , se refusent à se ranger sous aucune
bannière. Cette erreur provient encore de ce
que l'on considère la représentation nationale
comme un tribunal indépendant du gouvernement , et appelé à juger ses opérations , au
lieu de la considérer comme ce qu'elle est en
effet , c'est-à-dire, le gouvernement lui-même.
Une telle erreur est toujours encouragée par
le pouvoir , car les dépositaires de l'autorité
formant nécessairement un parti , il leur est
très-commode de jouir seuls des avantages attachés à l'union. Que diroit-on d'un général
qui , pour combattre une armée disciplinée , se
fieroit au courage individuel de ses soldats , et
renonceroit à toute espèce de tactique et de
discipline ?

Je ne crains pas de l'affirmer , quoiqu'une
telle assertion puisse sembler paradoxale , il y

a dans le gouvernement représentatif bien
conçu, sous la monarchie, un exercice plus
constant, plus réel de la volonté et de l'in-
telligence nationale, que dans la république
même des États-Unis, la plus parfaite dont l'histoire nous offre l'exemple. En effet, sous la monarchie représentative, c'est chaque jour, et
pour ainsi dire à chaque instant que l'opinion
de la majorité exerce son influence, par le
choix des ministres, par la responsabilité morale et légale des agens de l'autorité, par l'ac-
tion constante du centre sur chaque partie et
de chaque partie sur le centre. Dans une république comme celle des États-Unis, les pouvoirs
délégués au gouvernement central sont fort peu
considérables, ses attributions se bornent à
quelques points de politique générale; le Con-
grès est peu nombreux, la durée en est courte,
et les membres en reçoivent une indemnité, parce
que leurs fonctions sont regardées presqu'autant comme une charge que comme un objet
d'ambition; toute la responsabilité est concen-
trée sur le Président, mais cette responsabilité
même ne s'exerce qu'après l'expiration de sa
magistrature; le seul grand acte de la volonté
nationale est l'élection de ce premier magis-
trat, et encore l'expérience nous apprend-elle

que, malgré toutes les précautions des auteurs et des réviseurs de la constitution américaine, cette élection est devenue aujourd'hui l'apanage de l'aristocratie républicaine de Washington, dont les décisions à cet égard sont sans appel. Je ne pousserai pas plus loin ce parallèle qui n'a certes pas pour but de déprécier une constitution que je respecte et que j'admire ; j'ai voulu seulement faire entrevoir qu'un système bien conçu de monarchie représentative peut offrir le plus grand développement possible de tous les principes de liberté.

Dans un tel système, l'assemblée nationale doit être élue directement, parce qu'il importe qu'elle soit l'œuvre immédiate de la nation, et que, si la nation fait de mauvais choix, elle ne puisse en accuser qu'elle-même; parce qu'enfin une élection directe est la seule qui ne soit pas illusoire, la seule où les citoyens exercent leurs droits politiques à la fois avec intérêt et avec connaissance de cause.

Le vote pour l'élection doit être public, parce que le premier devoir qu'enseigne la liberté, c'est de ne pas rougir de ses opinions, et que la loi ne doit pas tendre un piége à la conscience des citoyens, en leur offrant le moyen de porter en secret un candidat qu'ils

n'oseroient avouer à la face de leur patrie. La
peur ou l'esprit de faction réclament seuls en
faveur du vote secret. Or, il seroit facile de
démontrer aux hommes timides, que la garantie
qu'ils espèrent trouver dans un scrutin ano-
nyme est bien souvent illusoire; et quant aux
factieux, ceux qui ne craignent pas de mani-
fester hardiment le but de leurs efforts, peuvent avoir droit à quelque estime; l'exagéra-
tion même de leurs opinions peut n'être pas sans
utilité pour la chose publique; mais quoi de
plus honteux que le mélange de la crainte et
de la violence! Enfin, l'élection doit être publique, parce que, s'il faut que le ministère soit
responsable de ses actes, il faut aussi que la
majorité nationale qui crée ce ministère, ac-
cepte la responsabilité de ses choix.

L'assemblée doit être nombreuse, parce
qu'il faut qu'elle renferme non-seulement les
représentans de tous les intérêts et de toutes les
connoissances de localité, mais toutes les no-
tabilités intellectuelles qu'offrent les différens
genres d'opinions; parce que loin d'en exclure
les fonctionnaires publics, comme on le demande, dans l'intérêt prétendu d'une liberté
mal conçue, il faut que les principaux agens
de l'administration en fassent partie, et soient

toujours prêts à y rendre compte de leurs
actes, à y donner tous les éclaircissemens pra-
tiques qu'on juge nécessaires, et à s'éclairer en
échange des lumières de ces hommes véritablement indépendans par leur pensée, qui consi-
dèrent les affaires publiques sous le vaste point
de vue de la philosophie. L'assemblée doit être
nombreuse, parce qu'il faut que le respect du
peuble pour la loi soit assuré par une majorité
considérable, et que les rapports des membres avec leurs commettans inculquent l'esprit
de la législation à toutes les classes de la société. L'assemblée doit être nombreuse, parce
qu'il faut qu'elle connoisse par sa propre
expérience les passions qui agitent les grandes
masses d'hommes et les ressorts qui les met-
tent en mouvement. L'assemblée surtout doit
être nombreuse, parce qu'il faut qu'elle offre
une vaste carrière à toutes les ambitions géné-
reuses, qu'elle soit l'école des hommes d'état et
des administrateurs, que la jeunesse y déploie
son ardeur, et que l'âge mûr y fasse valoir son
expérience.

Enfin, et de toutes les conditions celle-ci
est la plus importante, les renouvellemens de
l'assemblée ne doivent pas être trop fréquens,
parce qu'il ne faut pas que l'état soit exposé

sans cesse à des secousses qui amèneroient bientôt une révolution générale, ou dégoûteroient
tout au moins de la liberté cette grande masse
d'hommes, pour qui le calme et la durée sont
les premiers de tous les besoins ; parce qu'il ne
faut pas que les ministres, uniquement occu-
pés du soin de leur propre conservation, et ne
songeant qu'à faire tête à l'orage toujours re-
naissant qui les menace, n'aient ni le temps,
ni la tranquillité nécessaires pour s'occuper des
intérêts publics ; parce qu'enfin, un gouvernement qui ne verroit jamais devant lui plus
d'une année de durée, ne pourroit ni en-
courager aucune entreprise utile, à l'inté-
rieur, ni offrir aux nations étrangères aucun
genre de garantie dans ses relations diploma-
tiques.

Je m'appuierai à cet égard d'une opinion
qui ne paroîtra pas suspecte. Voici comment
s'exprime M. Benjamin Constant dans ses
Réflexions sur les constitutions et les garanties.

XI. « Le renouvellement de la seconde
» chambre s'opère en entier tous les cinq ans,
» ou, dans le cas de dissolution, par la préroga-
» tive royale.

» *Observations.* On a considéré parmi nous

» comme un trait de génie, les modes de re-
» nouvellement à l'aide desquels les nouveaux
» venus, dans les assemblées représentatives,
» se trouvent toujours en minorité. Cependant
» les renouvellemens des assemblées ont pour
» but, non-seulement d'empêcher les repré-
» sentans de la nation de former une classe à
» part et séparée du reste du peuple, mais
» aussi de donner aux améliorations qui ont
» pu s'opérer dans l'opinion, d'une élection à
» à l'autre, des interprètes fidèles. Si l'on sup-
» pose les élections bien organisées, les élus
» d'une époque représenteront l'opinion plus
» fidèlement que ceux des époques précédentes.
» N'est-il pas absurde de placer les organes de
» l'opinion existante en minorité devant l'o-
» pinion qui n'existe plus? La stabilité sans
» doute est désirable : aussi ne faut-il pas
» rapprocher à l'excès les époques de renouvel-
» lement; car il est encore absurde de rendre les
» élections tellement fréquentes que l'opinion
» n'ait pu s'éclairer durant l'intervalle qui les
» sépare. Nous avons d'ailleurs une assemblée
» héréditaire qui représente la durée. Ne met-
» tons pas des élémens de discorde dans l'as-
» semblée élective qui représente l'améliora-
» tion. La lutte de l'esprit conservateur et de

» l'esprit progressif est plus utile entre deux
» assemblées que dans le sein d'une seule ; il n'y
» a pas alors de minorité qui se constitue con-
» quérante ; ses violences , dans l'assemblée
» dont elle fait partie, échouent devant le calme
» de celle qui sanctionne ou rejette ses résolu-
» tions ; l'irrégularité, la menace ne sont plus
» des moyens d'empire sur une majorité qu'on
» effraye ; mais des causes de déconsidération
» et de discrédit aux yeux des juges qui doi-
» vent prononcer.

   » Les renouvellemens par tiers ou par cin-
» quième ont des inconvéniens graves, et pour
» la nation entière , et pour l'assemblée elle-
» même.

   » Bien qu'un tiers ou seulement un cin-
» quième puisse être nommé , toutes les es-
» pérances n'en sont pas moins mises en mou-
» vement. Ce n'est pas la multiplicité des chan-
» ces , mais l'existence d'une seule , qui éveille
» toutes les ambitions ; et la difficulté même
» rend ces ambitions plus jalouses et plus hos-
» tiles. Le peuple est agité par l'élection d'un
» tiers ou d'un cinquième , comme par le re-
» nouvellement total. Dans les assemblées ,
» les nouveaux venus sont opprimés la pre-
» mière année , et bientôt après ils deviennent

» oppresseurs. Cette vérité a été démontrée
» par quatre expériences successives (1).

  » Le souvenir de nos assemblées sans contre-
» poids nous inquiète et nous égare sans cesse.
» Nous croyons apercevoir dans toute assem-
» blée une cause de désordre, et cette cause
» nous paroît plus puissante dans une assem-
» blée renouvelée en entier. Mais plus le dan-
» ger peut être réel, plus nous devons être
» scrupuleux sur la nature des précautions.
» Nous ne devons adopter que celles dont l'u-
» tilité est constatée, et dont le succès est
» assuré. »

  Il seroit difficile de rien ajouter à ces ingé-
nieuses réflexions que l'expérience a plei-
nement confirmées. Tant qu'il y a quelque
mouvement dans les esprits, tant que les partis sont animés à l'attaque, le renouvellement
partiel entraîne une révolution annuelle, et
aucun gouvernement ne peut résister à de telles
secousses. Que s'il étoit possible d'imaginer un
temps et un pays assez calmes, pour que l'esprit

---

(1) Le tiers de l'an 4 (1796) fut opprimé.
Le tiers de l'an 5 (1797) fut chassé.
Le tiers de l'an 6 (1798) fut repoussé.
Le tiers de l'an 7 (1799) fut victorieux et destructeur.

de parti ne jouât aucun rôle dans les élections, le peuple se lasseroit bientôt d'une opération si fréquemment répétée ; la plupart des électeurs négligeroient l'exercice de leurs droits, et les autres y apporteroient une indifférence, qui tourneroit toute entière au profit du pouvoir. Mieux vaudroit en vérité se lancer au hasard sur une mer orageuse, et essayer du suffrage universel et des parlemens annuels, que réclame l'assemblée de Spafields : il naîtroit de ce système je ne sais quelle forme bizarre de république, où les mœurs finiroient peut-être par se mettre en harmonie avec la constitution ; mais vouloir concilier des institutions durables, une monarchie héréditaire, avec le changement annuel de la majorité de l'assemblée, ou ce qui est la même chose du gouvernement, c'est la plus dangereuse de toutes les chimères.

Ces principes une fois posés, leur application aux circonstances actuelles devient facile.

Les deux élémens essentiels de notre système électoral sont, ainsi que je l'ai déjà dit, l'élection directe et l'élection par la classe propriétaire. C'est là l'arche sainte à laquelle on ne sauroit toucher. Le reste du système se compose de conditions dangereuses auxquelles il faut

remédier sans délai, et de dispositions réglémentaires qui peuvent être modifiées par l'expérience. Or, dans l'état présent des partis, il
n'y a plus pour le gouvernement d'autre alternative, que de proposer lui-même ces modifications qu'exige l'intérêt de l'ordre et de la liberté, ou de subir les changemens funestes qui
seront proposés par le côté droit : dans une telle
alternative, le choix peut-il être douteux? Je
ne crains donc pas de l'affirmer : tout ministère
qui accepteroit le pouvoir à la condition de
conserver le renouvellement annuel de l'assemblée, seroit ou bien téméraire ou bien
hypocrite.

Je ne reproduirai point ici sur le nombre et
l'âge des députés, les argumens que j'ai déve-
loppés dans une brochure qui a été accueillie
avec indulgence (1); je me bornerai à faire
observer que l'un de ces changemens est la
conséquence nécessaire de l'autre; car, si on
doubloit la chambre, sans laisser aux électeurs
une très-grande latitude par rapport à l'âge
des candidats, si on fixoit à cet égard d'autre
condition que celle de la majorité, on s'aper-
cevroit bientôt de l'impossibilité de trouver

(1) Du nombre et de l'âge des députés.

parmi nous un nombre suffisant de personnes
qui eussent à la fois les talens, la fortune et
l'indépendance nécessaires, pour former de bons
députés. De toutes les richesses morales qui
nous manquent encore, aucune n'est peut-être
plus rare en France que les lumières constitutionnelles. Ah! ne repoussons personne; re-
cherchons, accueillons tous les genres de mé-
rites, ouvrons un vaste champ à tous ceux dont
l'ambition patriotique se dirige vers l'étude des
intérêts publics de leur pays; et n'oublions pas
que, *dans un état qui s'est enivré de l'esprit militaire, la tribune est une garantie au lieu
d'être un danger* (1).

Il me reste encore à examiner plusieurs
questions importantes, la durée de la législature, la distribution des colléges électoraux
sur divers points de la France, et enfin le
mode de voter; mais comme ces questions
ne sont pas l'objet spécial de cet écrit, je n'indi-
querai que sommairement les principes d'après
lesquels il me semble qu'elles doivent se ré-
soudre.

Quant à la durée des législatures, cinq ans me
paroissent de beaucoup préférables à sept, non

(1) Considérations sur la révol. franç., tom. III.

que j'attache une grande importance à cet argument banal que , pendant un espace de
sept années, la représentation nationale auroit
le temps d'être entièrement corrompue par le
ministère. Cet inconvénient me paroît peu re-
doutable avec la liberté de la presse, et dans un
pays où , si la responsabilité légale est presque
nulle , la crainte des censures de l'opinion
est poussée jusqu'à l'extrême. D'ailleurs rien
n'est si rare en France que la corruption politique , c'est là même un des traits les plus
honorables du caractère national. D'autres
motifs donc me déterminent. Si la durée légale des législatures est fixée à cinq ans, leur durée moyenne sera dans le fait d'environ quatre
années , puisqu'il est probable que nos ministres adopteront, comme en Angleterre, l'usage
de dissoudre la chambre avant qu'elle expire
de sa mort naturelle ; soit pour ne pas laisser
tomber en désuétude la prérogative royale,
soit afin de choisir, pour les élections, le moment le plus favorable à leur intérêt. Or ce
terme de quatre années me paroît suffisant pour
donner, d'une part, au ministère le temps de
concevoir un plan et de l'exécuter, et de l'autre, à l'opinion publique, le temps de subir
des modifications assez importantes pour qu'une

élection nouvelle devienne nécessaire. Une plus longue durée des fonctions législatives encourageroit chez beaucoup de députés de la paresse et de la négligence dans l'exercice de leurs devoirs publics. Je vois d'ailleurs qu'en Angleterre plusieurs hommes très-éclairés critiquent les parlemens septennaux, et croient que le seul fait d'en abréger la durée produiroit des améliorations importantes dans tout le système électoral de ce pays. Enfin, le terme de cinq ans est déjà consacré dans nos lois actuelles, les esprits en ont contracté l'habitude; et toutes les habitudes qui n'ont rien de dangereux méritent d'être respectées, par cela seul qu'elles existent.

Nous avons déjà pu nous convaincre, par l'expérience, des inconvéniens attachés, dans notre système actuel, à une distribution des colléges électoraux, qui accorde un beaucoup trop grand nombre de députés à de certaines villes, tandis que d'autres restent privées par le fait du droit d'élire leurs représentans (1). Ces

---

(1) L'élection de cette année nous en offre un exemple frappant. Six cents électeurs du Hâvre ont négligé ou se sont abstenus de venir voter à Rouen, parce qu'ils s'y seroient trouvés en minorité.

inconvéniens seroient fort aggravés, si en aug=
mentant, comme je le crois absolument indispensable, le nombre total des députés, on
ne changeoit rien à la distribution actuelle
des colléges électoraux.

Il y a ici deux questions connexes. Où doivent être placés les différens centres d'élection? Combien de députés seront nommés par
chaque collége?

Ce seroit se former une idée bien étroite
des assemblées nationales que de croire, avec
quelques froids métaphysiciens, qu'elles n'ont
d'autre objet que de suppléer à l'impossibilité
où est une nation en masse de gérer ses intérêts par elle-même, et de dire au nom de la
multitude ce que diroit cette multitude même,
si elle pouvoit avoir une seule voix. Non,
l'objet des assemblées délibérantes n'est pas
seulement de remplacer la démocratie pure,
c'est de faire mieux que cette démocratie, c'est
de substituer des législateurs éclairés à un législateur aveugle. Une assemblée nationale n'est
pas destinée à représenter un certain nombre
d'hommes, mais une certaine masse d'intérêts
et d'opinions. En Amérique, où chaque jour
la civilisation s'avance dans des terres inconnues, où chaque jour la confédération s'accroît

de quelque État nouveau, le légistateur ne pouvoit pas donner aux droits politiques d'autre
base que celle de la population. Mais dans un
pays où une civilisation ancienne, où des
mœurs, des législations différentes, ont créé des
diversités d'intérêts et d'opinions, il faut, autant qu'il est possible, que ces intérêts et ces opinions aient leurs représentans immédiats dans
l'assemblée nationale. Or, la division de la France
en arrondissemens offre une manière simple et
certaine de connoître les intérêts de localité ;
commençons donc, pour avoir cette première
base de tout gouvernement représentatif, par
accorder un député à chaque arrondissement. Je
n'ignore pas que la division de la France par
l'assemblée constituante a été faite d'une manière arbitraire, et qu'elle ne reposoit sur aucune
base réelle ; mais l'habitude a déjà créé des
liens qui n'existoient pas dans l'origine, et il
seroit au moins superflu de tracer aujourd'hui
de nouvelles circonscriptions territoriales.

Soit, me dira-t-on ; mais il existe des différences énormes entre la population et la ri-
chesse des divers arrondissemens ; il y en a qui,
dans le système actuel, comptent à peine trente
électeurs, d'autres qui ont pour chefs-lieux des
villes riches et populeuses. En prenant donc

l'arrondissement pour unité électorale ; vous
ignorez absolument quelle est la force qui acquerra la prépondérance dans chaque collége ;
vous créez peut-être _des bourgs-pouris_ , sans
savoir même à qui ils appartiendront. — L'objection est fondée, mais elle n'a rien d'effrayant.
D'abord, dans les arrondissemens pauvres, en
supposant même que l'on ne baissât pas la condition générale de propriété, exigée aujourd'hui
des élécteurs, quoi de plus simple que de compléter le collége avec un certain nombre des
plus imposés. Et quant à la prépondérance, que
tel ou tel intérêt pourroit acquérir dans les divers centres d'élection, pourquoi s'alarmer de
ces variétés qui existent chez les masses comme
chez les individus ? Pourquoi le législateur vou-
droit-il tout façonner de ses propres mains, et
ne laisseroit-il rien à faire au temps et à la nature des choses ? En abolissant les priviléges de
castes, on n'a pas prétendu empêcher qu'aucun
homme ne fût ni plus riche, ni plus fort, ni
plus habile qu'un autre ; au contraire, si l'on a détruit les inégalités artificielles, c'est pour laisser
se développer librement toutes les inégalités na-
turelles. De même, l'un des avantages de l'abo-
lition des priviléges de provinces et de corporations, doit être de permettre, à chaque por-

tion de la communauté, d'acquérir sur l'ensemble l'influence que méritent ses forces physiques et intellectuelles.

Après avoir assuré la garantie des intérêts locaux par l'élection d'un député dans chaque arrondissement, il faudroit aller chercher les représentans des opinions dans les différens centres où elles se manifestent. On pourroit, par exemple, accorder un ou plusieurs députés de département aux chefs - lieux dont la population est la plus considérable. Les petites ambitions locales étant satisfaites par les élections d'arrondissement, les choix du centre se dirigeroient nécessairement sur les chefs de parti, sur les hommes les plus en évidence, par leurs opinions, leurs talens, ou leur fortune.

Ces députés de département seroient être nommés soit par les mêmes électeurs, soit par des électeurs payant une cote plus élevée, puisqu'il semble juste, en effet, que l'on exerce d'autant plus de droits politiques que l'on participe davantage aux charges de la communauté. Toutes les distinctions artificielles ont été abolies par la révolution; priviléges de castes, de provinces, de corporations, de localités, d'individus, tout est détruit, tout est

nivelé ; je suis loin de regarder ce résultat comme
fâcheux , et je pense que le bonheur et la liberté
publique y ont gagné jusqu'ici ; mais n'oublions
pas toutefois que la propriété est aujourd'hui la
base unique de notre ordre social , et qu'un pas
de plus , nous tomberions dans les lois agraires
et dans le chaos.

A quelque nombre que l'on porte l'assemblée représentative , je crois d'une haute importance que chaque collége n'élise qu'un , ou
tout au plus deux députés , et que cette élection
se fasse à la majorité simple. Les scrutins de
liste ont des inconvéniens sans nombre ; je
vais en indiquer les principaux.

1°. Autant l'élection d'un seul député est une
œuvre politique qui met en mouvement toutes
les facultés morales , tous les sentimens d'une
réunion d'hommes, autant l'élection simultanée
de plusieurs députés devient une opération illusoire, où l'esprit de coterie , les petites com-
plaisances individuelles l'emportent sur les considérations les plus élevées. Chaque parti , après
avoir fait nommer ou écarter les hommes auxquels il attache de l'importance , ne demande
pas mieux que de compléter la liste avec tous les
nom sinsignifians qui lui sont recommandés.

Le département du Nord , par exemple ,

nomme huit députés; dans la supposition du
doublement de la chambre, il en nommeroit
seize. Or, conçoit-on comment il seroit possible au collége électoral de Lille, de nommer
seul ces seize députés, avec discernement,
avec intérêt, avec connoissance de cause ?
Conçoit-on en même temps comment des
villes aussi importantes que Dunkerque et
Douai resteroient sans représentant direct ?

2°. Et cette objection est des plus graves,
puisque la justice y est intéressée ; le vote par
scrutin de liste donne à la majorité la toute
puissance, tandis qu'elle n'a droit, aux yeux de
l'équité, qu'à une influence proportionnée à sa
prépondérance numérique.

Je suppose, que ce même département du
Nord, que j'ai pris pour exemple, fût partagé
entre deux opinions de forces à peu près égales,
il suffiroit, grâce au scrutin de liste, d'une seule
voix de prépondérance, pour que les seize députés fussent pris dans un même parti, et que
l'autre opinion n'eût aucun représentant dans
la chambre. Un tel abus seroit révoltant.

3°. Les deux tours de scrutin, et le scrutin
de ballottage sont des opérations longues, qui,
sans aucun avantage, perdent un temps pré-
cieux; et rien n'est plus fâcheux que d'occuper

les hommes à des inutilités, de leur persuader
qu'ils font quelque chose, lorsqu'en réalité ils ne
font rien. Le scrutin de ballottage, dont l'unique objet est d'obtenir d'une manière factice
cette majorité absolue que la loi demande mal
à propos, induit souvent en erreur des électeurs peu instruits qui n'en ont pas l'habitude.
Il a bien d'autres inconvéniens : et en voici
un entre autres. On met en général encore
plus d'intérêt à repousser le candidat de l'ennemi qu'à faire nommer celui que l'on porte
soi-même ; cette vérité s'observe surtout en
France où les haines de parti sont bien plus
vives que les affections ne sont puissantes ; il
arrive de là qu'au scrutin de ballottage chaque
parti, désespérant du succès de ses propres candidats, porte ses voix sur des députés neutres
dont personne ne se soucie.

Au lieu de ce système vicieux, rien n'est plus
simple que de laisser, pendant quinze jours, le
registre des votes ouvert dans le chef-lieu de
l'élection. Cet espace de temps seroit suffisant
pour que tous les électeurs pussent venir com-
modément y inscrire leur vote ; et ils vien-
droient en grand nombre, car beaucoup de
citoyens que leurs occupations empêchent aujourd'hui de se rendre au collége, rempliroient

avec plaisir leurs fonctions électorales, lorsqu'il suffiroit d'une simple signature pour s'en acquitter. A l'expiration du terme fixé par la loi, on compteroit les votes; et le candidat, ou, dans certains cas, les deux candidats qui en réuniroient le plus grand nombre, seroient proclamés députés.

On pourroit aussi exiger qu'aucun candidat ne pût se faire inscrire sans être présenté par un certain nombre d'électeurs. Cette formalité éviteroit que des votes ne s'égarassent sur des noms qui n'auroient aucune chance de succès.

Enfin, les votes doivent être publics, et j'insiste de nouveau sur cette condition, parce qu'elle n'intéresse pas moins la morale que la politique. Le seul argument qu'on allègue en faveur du scrutin, c'est qu'en garantissant le secret des votes, il assure le calme et l'indépendance des élections. Ce système sera donc renversé par la base, si l'on parvient à démontrer aux hommes timides que le scrutin ne donne point en réalité la garantie du secret des votes.

Voici comment s'exprime sir James Mackintosh à cet égard. On fera, dans ces réflexions, la part de ce qui s'applique spécialement à l'Angleterre.

« Parmi les hommes même, qui sont le plus
» habitués à garder leurs secrets, les effets du
» scrutin sont très-inégaux et très-variables :
» nous en avons un exemple connu dans les
» clubs, où une fort petite minorité suffit en
» général pour exclure un candidat. Quand le
» club est très-considérable, le secret peut être
» gardé, parce qu'il devient difficile de distin-
» guer dans la foule un petit nombre de mem-
» bres dissidens. Mais dans les clubs plus res-
» treints, où la minorité forme une grande
» partie aliquote de l'ensemble, cette minorité
» est presque toujours connue (1). M. Bentham
» lui-même convient que, dans la chambre des
» communes, le vote au scrutin, lorsqu'on en
» fait usage, ne garantit ni le secret, ni l'indé-
» pendance des choix. L'exemple qu'il cite des
» élections de la compagnie des Indes est très-
» mal choisi ; car ces élections offrent toutes
» les circonstances que le scrutin secret est

_____

(1) « Dans ce cas cependant, le vote secret peut être
» utile ; mais c'est parce qu'il est entendu, d'après une
» sorte de convention tacite, que l'exclusion par la voie
» du scrutin n'est pas un sujet d'offense pour le candi-
» dat qui est écarté : ce sont les querelles et non les in-
» discrétions, que l'on évite par cette manière de voter. »

» censé rendre impossibles : la captation des
» suffrages en public et en particulier; une
» grande influence exercée par les relations de
» famille et d'amitié, par la reconnoissance et
» par l'attente; des promesses toujours faites et
» réalisées; la divulgation habituelle, si ce n'est
» constante de tous les votes. Sans doute, les
» considérations générales qui déterminent le
» choix d'un candidat se font sentir dans les
» assemblées de la compagnie des Indes comme
» dans tout autre corps délibérant, mais aucune
» considération d'intérêt privé n'est exclue de
» ces assemblées, si ce n'est, peut-être, la
» crainte des ressentimens à encourir; et cette
» crainte se trouve déjà renfermée dans des li-
» mites fort étroites, par la condition indépen-
» dante de la plupart des électeurs. Ils refusent
» en général le secret que la législature semble
» leur offrir. Par affection, par estime, par
» d'autres motifs encore, ils désirent que leurs
» votes soient connus des candidats qu'ils fa-
» vorisent; et ce qui est confié à l'amitié ne
» tarde pas à être découvert par les enne-
» mis. «

» Le scrutin, dit-on, est une manière moins
» offensante que le suffrage à haute voix, pour
» voter contre un individu : soit; mais ce léger

» avantage est borné aux classes de la société,
» qui ont du temps à donner à des raffinemens
» de ce genre ; et il n'est guère probable que
» la masse des électeurs y soit fort sensible. Un
» électeur de campagne profitera-t-il même du
» moyen de secret qui lui est offert ? Pour le
» croire, il faudroit supposer qu'il accomplît
» l'acte le plus important de sa vie, celui qui,
» à la fois, flatte son orgueil et satisfait ses in-
» clinations, sans parler d'avance de ses inten-
» tions, sans se vanter de son vote, après
» l'avoir donné. Sa vie n'a point de secrets ; le
» cercle de ses alentours est trop petit pour ad-
» mettre la dissimulation ; sa femme, ses en-
» fans, ses voisins savent tout ce qu'il fait, et,
» pour ainsi dire, tout ce qu'il pense. S'ima-
» gine-t-on que, la veille ou le lendemain du
» jour de l'élection, il restât au milieu du café
» de son village, enveloppé de la gravité silen-
» cieuse d'un sénateur vénitien, et cachant un
» vote comme on cacheroit un assassinat. En
» supposant même que son caractère fût porté
» à la réserve, sa situation ne la lui permet-
» troit pas. Les chefs de chaque parti découvri-
» roient bientôt ses sentimens. Le simple acte
» d'écrire son bulletin, et de le déposer dans
» l'urne, trahiroit son secret, en dépit du scru-

» tin le plus compliqué, que l'on ait jamais
» inventé à Venise.

   » Dans les grandes villes, la seule idée d'un
» suffrage secret est une absurdité. Comment
» s'y prendroit-on pour empêcher les réunions
» publiques des deux cent cinquante mille élec-
» teurs de Londres (1). Le scrutin se passera
» peut-être avec calme et avec secret; mais il
» y aura tumulte et publicité dans les assem-
» blées qui précéderont l'élection. Les candi-
» dats et leurs partisans, les comités de pa-
» roisse, les agens qui, pendant une élection
» contestée, parcourent toutes les rues, pour
» recueillir des voix, découvriroient bientôt le
» secret de presque tous les habitans de West-
» minster. Le petit nombre de ceux qui affec-
» teroient du mystère, seroient trahis par leurs
» voisins. La réponse évasive que donneroit
» l'homme le plus dissimulé, seroit sensible-
» ment différente, du moins pour l'accent et
» pour la manière, suivant qu'elle s'adresseroit
» à un ami ou à un ennemi. Le zèle, l'affec-

---

(1) Il s'agit ici du nombre d'électeurs que le plan de
M. Bentham donneroit à la seule ville de Londres ; mais
l'esprit de ce morceau n'en est pas moins applicable aux
élections de nos grandes villes, *mutatis mutandis.*

» tion et l'enthousiasme, qui doivent se mani-
» fester dans de telles élections, tant qu'elles
» resteront véritablement populaires, feroient
» bientôt tomber tous les moyens de secret,
» d'abord en discrédit, ensuite en désuétude
» complète.

» Du reste; s'il étoit réellement possible de
» garantir le secret des votes, on verroit que
» dans la pratique, ce système, loin d'étendre le
» cercle des électeurs effectifs, le restreindroit
» au contraire, en détruisant les principaux
» stimulans qui excitent les hommes à exercer
» leurs droits politiques. Toutes les lois sages
» doivent porter avec elles leur sanction ; or,
» par un zèle aveugle pour mettre les fonctions
» électorales à l'abri de toute influence, on dé-
» truiroit dans le fait tous les motifs qui portent
» la majorité des électeurs à remplir ces fonc-
» tions. »

Le vote public est, dit-on, favorable à l'influence du gouvernement : cela peut être ; mais,
dans ce cas, cette influence n'a rien que de lé-
gitime, puisque tout électeur qui voudra suivre
les mouvemens de sa conscience, sera toujours
libre d'y échapper. Ce qui est certain du moins,
par le déplorable exemple du gouvernement
impérial, c'est que le vote secret ne met point

à l'abri de la terreur qu'inspire le pouvoir despotique; voyons-nous qu'aucune loi, quelque mauvaise qu'elle fût, ait jamais été rejetée, sous l'empire; qu'aucun sénatus-consulte ait éprouvé un instant d'opposition? En même temps, qui de nous peut se méprendre sur les noms honorables de ce petit nombre de sénateurs, dont les boules noires ont quelquefois protesté contre l'injustice; et comment douter que ces hommes courageux n'eussent manifesté leur opinion par un vote public, comme par un vote silencieux?

J'ai parcouru, autant que me l'a permis l'imperfection de mes connoissances, les principales modifications que notre système électoral me semble exiger immédiatement. Il me reste à réfuter deux objections que l'on entend répéter sans cesse, et dont l'une du moins mérite une attention sérieuse.

Lors, nous dit-on, que par une plus longue durée des législatures et par le doublement de la chambre des députés, on aura augmenté la considération de cette assemblée et ses moyens d'agir sur l'opinion publique, lorsqu'en baissant la condition d'âge on aura ouvert une carrière brillante à la jeunesse, l'équilibre sera rompu entre les deux branches du corps législatif, la chambre des pairs, déjà si peu connue, si peu influente sur les esprits, sera complétement éclipsée, et tombera dans un discrédit total.

J'ai déjà observé ailleurs combien il étoit déraisonnable de vouloir rabaisser le bien au niveau du médiocre, au lieu d'élever le médiocre à la hauteur du bien, et de croire que, parce qu'il existe dans un édifice un côté imparfait, il faille que toutes les autres parties de cet édifice soient entachées de la même imperfection.

Sans doute, l'introduction de la pairie en France est une des expériences les plus délicates de notre nouvelle organisation, une de celles dont le succès est le plus problématique ; mais quand on ne verroit dans la chambre des pairs qu'un sénat, qu'une seconde assemblée indépendante, ayant part à la discussion des lois, à l'initiative et au véto, qui empêche que, par le talent de ses membres, cette assemblée ne s'élève à une grande considération, et qu'elle n'acquierre sur les esprits une influence de fait, comme elle a, dans la législation, une influence de droit ? Il est vrai que, pour arriver à ce but, la première de toutes les conditions, c'est la publicité de ses séances. La publicité est l'âme du gouvernement représentatif ; tout ce qui, dans un tel gouvernement, se fait en secret, est par cela seul frappé de mort. Nous avons ici une nouvelle occasion de remarquer combien, lorsqu'il existe dans une constitution un germe vivace de liberté, toutes les précautions que l'on prend pour le comprimer, tournent directement contre l'objet qu'on s'étoit proposé.

Il est fort à désirer aussi que désormais l'entrée de la chambre des pairs soit ouverte aux princes de la famille royale ; leur présence donneroit plus de majesté à ses délibérations, et d'ailleurs il est de leur intérêt comme du nôtre, que les opinions qu'ils professent soient connues de toute la France. C'est ainsi que s'est consolidé l'attachement du peuple anglais pour la maison d'Hanovre, et ce n'est qu'ainsi que peuvent s'établir des liens durables, d'affection et d'estime, entre la nation française et les princes appelés à la gouverner.

L'objection tirée du respect dû à la charte est plus grave, mais n'en peut pas moins être victorieusement réfutée.

Sans doute, disent beaucoup de gens, les articles de la charte, relatifs aux élections, entraînent de grands inconvéniens ; l'expérience en a démontré le danger ; mais dans un pays où depuis si long-temps tout est mobile, tout est précaire, le premier des besoins est la stabilité de ce qui existe ; et mieux vaut se résigner à des institutions, même reconnues pour mauvaises, que de courir les chances d'un nouveau changement. D'ailleurs n'est-il pas dangereux de donner aux factions, qui pourroient arriver au pouvoir, l'exemple d'une atteinte portée à la charte ?

Certes, ce dernier argument n'est pas d'un grand poids ; il faut avoir bien peu d'idée des passions humaines pour se figurer qu'un parti, animé par le combat et fier de la victoire, se laisse arrêter par des délicatesses de ce genre.

Quant aux embarras qui pourroient accompagner un nouveau changement, l'objection seroit fondée si nous étions dans un état de choses calme, si aucun danger pressant ne nous menaçoit, si l'alternative étoit entre rester tels que nous sommes et courir les chances d'une amélioration. Mais si, comme je le crois, il est évident que les élections annuelles nous conduisent rapidement à une perte infaillible, si elles sont une de ces maladies chroniques dont le terme peut être assigné avec certitude, est-il de toute nécessité de nous laisser mourir, sans autre consolation que celle d'être morts dans les règles ?

Je sais avec combien de précaution il faut adopter ce qu'on appelle communément des mesures exigées par le salut de l'état; mais enfin quel est l'objet de la charte, si ce n'est d'assurer la liberté publique et la durée de la monarchie? et s'il devient manifeste qu'un des articles réglémentaires de cette charte compromet à la fois et la liberté et la monarchie, faut-il sacrifier l'esprit à la lettre avec un respect judaïque?

La charte se compose de trois parties distinctes :

1°. Elle reconnoît des intérêts. Comme telle, c'est un traité entre des forces existantes, sur lequel repose la paix publique.

2°. Elle consacre des droits, et c'est de ces droits que dérivent toutes nos institutions politiques ;

3°. Enfin, elle fait des règlemens pour faciliter et diriger l'exercice de ces droits. Or, ces règlemens sont destinés par leur nature même à être modifiés sans cesse, d'après les lumières de l'expérience, et selon les changemens que le cours des années amène dans la nation.

Non-seulement voilà ce que le bon sens indique, mais l'opinion contraire auroit les plus

graves dangers. « Si l'on vouloit mettre en
» système les révolutions, dit ma mère, on ne
» pourroit pas mieux s'y prendre qu'en décla-
» rant immuables les formes du gouvernement.
» Car si le gouvernement d'un pays ne veut
» participer en rien à la marche des choses et
» des hommes, il sera nécessairement brisé
» par elle. Est-ce de bonne foi que l'on peut
» demander si les formes des gouvernemens
» d'aujourd'hui doivent être en accord avec les
» besoins de la génération présente, ou de
» celles qui n'existent plus » ?

Si les Anglois parlent de leur constitution
comme étant éternelle et immuable, c'est qu'ils
font de cette constitution un être idéal ; et
lorsque des lois nouvelles viennent en perfec-
tionner les formes ou même en modifier l'esprit, ces changemens sont considérés comme
un retour aux principes de cette constitution
primitive, qui est censée douée de toutes les
perfections imaginables. Mais ce n'est là qu'une
fiction légale qui rend hommage à l'ancienneté
de la raison. En réalité, toutes les constitutions
représentatives subissent chaque jour les modifications qu'exigent l'opinion publique et
l'expérience.

Oui, disent encore quelques personnes qui

ont conservé un respect superstitieux pour les généralités de 1789, plusieurs articles de la charte demandent à être révisés; mais cette révision ne peut s'opérer que par une convention nationale investie de pouvoirs spéciaux pour cet objet.

Quand donc descendrons-nous de ces hauteurs de la métaphysique, pour entrer enfin dans la route large et droite de la raison?

Quoi! toutes les fois qu'une expérience journalière nous enseignera quelque inconvénient du moindre article réglémentaire de la charte, il faudra mettre toute la France en mouvement pour nommer une convention nationale! A-t-il donc fallu une telle assemblée, a-t-il fallu même une loi, pour faire mettre de côté, comme impraticable, l'art. 46, relatif aux amendemens? Faudroit-il une assemblée constituante pour changer la division de la chambre des députés en bureaux, le secret des délibérations de la chambre des pairs, et tant d'autres articles qui n'ont d'importance que par les inconvéniens qu'ils entraînent?

Et cette assemblée constituante, de quels élémens seroit-elle composée? seroit-ce des mêmes hommes que la chambre des députés? mais, dans ce cas, pourquoi ne pas reconnoître tout

5

simplement que le concours du roi et des deux chambres est suffisant pour modifier la charte par des lois nouvelles? — Seroit-ce d'hommes différens? mais alors, comme il est présumable que chaque département a déjà choisi pour la chambre des députés les citoyens qui lui inspirent le plus de confiance par leurs talens et leur caractère, il seroit donc réduit à envoyer à l'assemblée constituante des citoyens moins habiles et moins intègres; et ce seroit précisément ceux-là, qui se trouveroient investis des pouvoirs les plus amples et les plus importans.

D'ailleurs, vous aurez beau écrire en gros caractères, que les articles de la charte ne peuvent être révisés que par une convention nationale, les lois émanées des trois pouvoirs n'en seront pas moins obligatoires, les citoyens qui les enfreindront n'en seront pas moins condamnés par les tribunaux. Pourquoi donc vouloir donner sans cesse des commandemens dépourvus de tout moyen de sanction, et ne pas reconnoître ce qui est vrai en fait comme en droit, c'est que le pouvoir législatif n'a d'autres limites que la raison et la justice éternelles?

Il ne faut point se le dissimuler, nous sommes dans une situation grave. La vie des nations, comme celle des individus, a des momens solennels, où d'une résolution à prendre dépend le salut ou la perte de l'existence. L'époque actuelle est un de ces momens. D'un côté est l'arbitraire ou l'anarchie, de l'autre l'adoption franche et entière du gouvernement représentatif. Puisse la Providence nous guider dans une telle alternative! et qu'y a-t-il de plus digne, en effet, de la protection du ciel, que des efforts sincères pour fonder la liberté de sa patrie? Quand nous l'aurons connue cette liberté véritable, quand nous aurons joui des bienfaits sans nombre dont elle est la source; alors le gouvernement sera stable, parce qu'il sera béni de la nation; alors, comme les Anglais et les Américains, nous prononcerons avec orgueil ces belles paroles : *Notre heureuse constitution.*

FIN.

www.ingramcontent.com/pod-product-compliance
Lightning Source LLC
Chambersburg PA
CBHW070929280326
41934CB00009B/1798